LA

RÉFORME

UNIVERSITAIRE

DU MÊME AUTEUR

Portraits politiques et révolutionnaires
(2ᵉ édition, épuisée). . . . . 2 vol.

Voyages et Voyageurs (nouvelle édition). . . . . 1 —

Études historiques et littéraires. . . . . . . 2 —

Nouvelles Études historiques et littéraires 1 —

Dernières Études historiques et littéraires 2 —

Historiens, Poëtes et Romanciers. . . . . . . 2 —

Études et Portraits (1865-1868). . . . . 2 —

Paris. — J. Claye, imprimeur, 7, rue Saint-Benoît. — [2097]

LA RÉFORME UNIVERSITAIRE

LETTRE

A M. LE DIRECTEUR DU *JOURNAL DES DÉBATS*

PAR

M. CUVILLIER-FLEURY

de l'Académie française

PARIS

CHEZ TOUS LES LIBRAIRES

1873

Droits de reproduction et de traduction réservés

PRÉFACE

Je reproduis, sous forme de brochure, cette lettre qui a paru dans le *Journal des Débats* du 30 octobre dernier et dont il ne restait plus un seul exemplaire. Beaucoup, ne l'ayant pu lire, la demandent, non pour le mérite de l'œuvre assurément, mais pour l'intérêt actuel du sujet. M. le ministre de l'instruction publique a entrepris de réformer non-seulement quelques méthodes discutables de l'éducation secondaire, mais son principe même, j'entends la prédominance des études classiques sur toutes les autres. Cette prétention du ministre s'est donné carrière dans la longue « circulaire » qu'il a publiée au moment de la rentrée des classes (*Journal officiel* des 2 et 3 octobre 1872), et que nous nous sommes permis de discuter, non sans rendre hommage à l'éminent mérite et aux honorables intentions de l'auteur.

Bien avant la publication de la circulaire, l'esprit qui l'a inspirée s'était fait jour dans des articles de journaux, dans des Revues, dans des brochures et dans des livres, — un surtout, écrit par une plume habile, et qui n'est à notre sens, en dépit d'aperçus ingénieux, qu'un composé de sophismes pédagogiques alliés à une singulière inexpérience de la vie scolaire. Je veux parler du livre, aujourd'hui célèbre, de M. Michel Bréal, intitulé *Quelques mots sur l'instruction publique en France.*

PRÉFACE.

On s'étonnera peut-être que le nom même de cet écrivain ne soit pas cité une seule fois dans la lettre que j'ai adressée le 30 octobre au *Journal des Débats.* J'avais pour cela deux raisons : la première, c'est que, ce journal ayant adopté en partie et avec une certaine passion les idées de M. Bréal, il ne m'était plus possible de l'attaquer sur le terrain même où il avait été si chaleureusement défendu. La seconde, c'est que, le ministre ayant pris à son compte presque tous les paradoxes de l'écrivain, la discussion de la circulaire suffisait, pour une bonne part, à la réfutation du livre.

Quoi qu'il en soit, je tiens à faire ici en passant toutes mes réserves contre ce fatal écrit où un art distingué, appuyé sur une érudition inventive, nous a paru mêler toutes les questions, les agiter sans les résoudre (« l'internat » par exemple), — compromettre

Port-Royal et Rollin dans des démolitions qu'ils auraient déplorées, — et enfin marquer un bien étrange mépris pour les qualités naturelles, la persistante originalité et les particulières exigences de l'esprit français qui s'obstine, quoi qu'on fasse, à ne pas devenir allemand.

« On est surpris, nous dit M. Bréal, quand on rapproche de cet état de choses (le nôtre) les usages de nos voisins. Il faut qu'en *seconde* (laquelle, il est vrai, dure souvent deux ans) les élèves aient vu dix livres de Tite-Live, et en *première* quatorze discours de Cicéron, ainsi que le *De officiis*. — Qui parle ainsi ? ajoute l'auteur. Non pas un utopiste, un réformateur, mais un professeur rendant compte de sa pratique (*Neue Jahrbücher für philologie und Pädagogik,* 1869).

« Dans le cours des études du Gymnase, *d'après le règlement prussien,* Homère doit être lu tout entier... Dans le Hanovre, à l'examen qui répond à notre baccalauréat, on exigeait des candidats... qu'ils eussent lu les traités de philosophie et de rhétorique de Cicéron, Salluste, Tite-Live, l'*Énéide*, les Odes d'Horace, l'*Iliade*, l'*Odyssée*, Hérodote, l'*Anabase*, les *Mémorables*, quelques dialogues de Platon. Nous avons peine à nous figurer de telles lectures. Mais il faut songer qu'en Allemagne la classe est débarrassée d'une quantité d'exercices qui encombrent la nôtre. A l'étude, l'élève lit ses auteurs, note à la marge les passages qu'il ne comprend pas, de sorte qu'on passe avec une grande rapidité sur les endroits faciles... » (p. 214-215).

On peut juger, par ce simple extrait du livre de M. Bréal, des naïves illusions auxquelles l'auteur s'abandonne, de l'engouement exotique qui le possède, de sa crédule confiance dans les *Scolar* de la docte Allemagne.

M. Bréal « a peine à se figurer » de telles lectures... Pour nous, nous n'y croyons pas, ou nous croyons qu'elles sont mal faites. Que dire de cet élève qui, au lieu de lutter contre les difficultés du texte, comme il y serait obligé s'il s'agissait d'un devoir écrit, se contente de les « noter à la marge ! » Et puis, est-ce bien sur les *endroits faciles* qu'il passe avec une si grande rapidité?... Je crois que sa grande rapidité s'exerce plutôt sur les endroits difficiles.

Il y a des paresseux de ce côté-ci du Rhin, cela est vrai; il en est aussi sur l'autre rive. L'admiration béate des aptitudes scolaires et des perfections pédagogiques de la Germanie nous conduira peut-être à la plus importante, mais à la plus difficile des réformes dans l'instruction de la jeunesse, la réforme générale de la paresse... On la décrétera quelque jour, et tant mieux si elle réussit! il faudra, malgré tout, souvent compter avec la nature humaine. Elle est perfectible, grâce à Dieu, et en elle ce sont les bons instincts qui dominent; sans cela le monde finirait. Mais il ne faut, dans les enfants surtout, ni l'exalter, ni l'étourdir, ni la surcharger, comme dans le règlement prussien... J'aime mieux le nôtre.

C.-F.

LA RÉFORME UNIVERSITAIRE

LETTRE

A MONSIEUR LE DIRECTEUR DU *JOURNAL DES DÉBATS*

Mon cher Directeur,

Je ne viens pas vous apporter la guerre civile. Si je n'étais pas d'accord sur tous les points principaux avec votre journal, je n'y écrirais pas une ligne. Si j'avais à vous combattre, je ne viendrais pas vous attaquer chez vous. Mais vous avez pris parti, soit avant la récente circulaire de M. le ministre de l'instruction publique, soit depuis, pour les réformes qu'il a imposées au corps enseignant. Appuyé, comme vous l'êtes, sur une série d'articles qui remontent à plusieurs mois, sur des livres publiés par des écrivains habiles et sur les décisions du ministre, je comprends qu'il ne vous convienne pas de prêter votre journal à une contradiction prolongée sur un sujet de si haute importance. Il est impossible pourtant que vous ne permettiez pas à un de vos plus anciens collaborateurs, au moment où, revenant à Paris, il se trouve en face de ces prodigieux changements, d'en dire une fois son avis, avec la franchise d'une vieille amitié, avec l'accent d'une conviction sincère.

La question est vaste ; je ne ferai qu'y toucher. La circulaire du ministre elle-même, si longue qu'elle soit, est loin de l'avoir embrassée tout entière. Écrite par un philosophe éminent, elle semble avoir mis de côté toute la philosophie du sujet. Formulée par un serviteur de la république, elle semble avoir emprunté au césarisme omnipotent sa langue impérieuse et sa décision sans réplique. Inspirée par un honorable désir de servir au bien du pays, elle n'exprime que dédain pour ses traditions d'enseignement les plus respectables, celles même que notre âge avait renouvelées et rajeunies; et pour nous mettre sur la voie du progrès, pour nous encourager dans une œuvre si hasardeuse, la circulaire ne nous parle que de nos défauts.

Vous savez, monsieur, si je suis un ennemi du progrès, un « demeurant d'ancien régime », comme disait Chateaubriand, et si je compte parmi ces dévots des vieilles routines attardés dans l'idolâtrie du passé. Vous savez aussi si je suis un ennemi du gouvernement dont M. Jules Simon est un des ministres distingués. Mais autre chose est défendre la république conservatrice, autre chose est approuver la destruction de ce qu'il faut conserver. L'éducation de la jeunesse française, telle qu'elle se pratiquait avant et surtout depuis la révolution de 89, avec les réformes successives qui n'en ont jamais ni altéré l'esprit, comme en ce moment, ni déplacé le but, — cette grande éducation nationale était, de toutes les institutions à conserver, en dehors de l'ordre politique, celle qui méritait le moins d'être atteinte. Aucune ne l'a été, ne pouvait l'être avec une soudaineté plus imprévue, ni à une profondeur plus redoutable.

I

Pour moi, les réformes édictées ou préparées par le ministre, celles qu'il a décrétées *proprio motu*, celles dont il semble abandonner la réalisation à de futures assemblées de professeurs, celles enfin dont il se réserve de saisir le conseil supérieur de l'instruction publique, comme c'était peut-être son devoir pour tout le reste; ces réformes, quelle qu'en soit la formule, peuvent se partager en deux parties très-distinctes, les unes chimériques, les autres nuisibles.

J'appelle chimériques les réformes qui n'ont de corps et d'avenir que dans l'imagination complaisante qui les caresse. La gymnastique est parmi les meilleures de celles qui sont possibles; la promenade à ciel ouvert et fréquente est indispensable; l'équitation est utile; l'escrime, le maniement de l'épée, du fusil, semblent devenus, par le progrès des mœurs, les premiers des arts; soit! Mais changer en concours gymnastiques les trop courtes récréations des enfants, en cours de topographie et d'histoire leurs trop rares promenades, renouveler pour eux, par des prix éclatants, les émotions surannées de la poussière olympique,

> Sunt quos curriculo pulverem olympicum
> Collegisse juvat, ...

il y a là, je le crains, monsieur, toute une série de mécomptes qui attendent le réformateur,

M. Jules Simon dit quelque part, avec une grande vérité, que la journée « n'a que vingt-quatre heures ». Il aurait dû ajouter que l'organisation des enfants ne comporte pas une tension perpétuelle, et que ne rien laisser à l'abandon de leur âge, au libre emploi de leur temps, à la causerie « buissonnière » entre deux études, c'est méconnaître les plus impérieuses lois de cette hygiène dont il est bien inutile, la négligeant dans la pratique, de leur donner pompeusement la leçon. Et puis, où sont ces savants qui accompagneront vos élèves à la promenade? ces stratéges qui livreront pour eux bataille dans les champs illustrés par les grandes guerres? L'Institut vous enverra-t-il ses érudits, sous forme de maîtres d'étude? Le conseil supérieur de la guerre déléguera-t-il ses maréchaux? Je ne vois guère que Ponocrates, le précepteur encyclopédiste de Gargantua, qui soit de force à réaliser, comme l'entend M. Jules Simon, le mélange de l'utile et de l'agréable, et qui puisse passer, sans trop de mécompte,

. . . Du grave au doux, du plaisant au sévère.

« Ponocrates en effet, pour le séjourner (distraire) de ceste vehemente intention (tension) des esperitz, advisoyt une foys le moys quelque jour bien clair et serain, auquel bougeoyent (partaient) au matin de la ville, et alloyent a Gentilly, ou a Boloigne, ou a Montrouge, ou au pont Charenton, ou a Vanves, ou a Sainct Clou. Et la, passoyent toute la journee a faire la plus grande chiere dont ilz se pouvoyent adviser : raillans, gaudissans, beuvans d'autant ; jouans, chantans, dansans, se veaultrans en quelque beau pré, denicheans des passeraulx (moineaux), prenans des cailles, peschans aux grenoilles et escrevisses... Mais encore que y celle journee feust passee sans livres et lectures, point elle n'estoyt passee sans prouffict. Car, en ce beau pré, ilz recoloyent par cueur quelques plaisans vers de l'agriculture de

Vergile, de Hesiode, du Rusticque de Politian; descripvoyent quelques plaisans epigrammes en latin, puis les mettoyent par rondeaulx et ballades en langue francoyse. En bancquetant, du vin aigue (mêlé d'eau) separoyent l'eaue, comme l'enseigne Caton *(de re rustica)* et Pline, avecques un guobelet de lierre[1]... »

Ponocrates était un habile homme, je n'en disconviens pas, et il ne laissait jamais reposer, même en se « veaultrant » avec lui, l'esprit de son élève; mais il n'avait qu'un élève, et fils de roi encore, ou peu s'en faut.

Revenons à nos écoliers ; quittons le royaume des honnêtes chimères, et abordons celles des réformes du ministre, qui sont déjà une réalité ou une menace.

1. *Gargantua,* liv. I, chap. XXIV.

II

Ce n'est pas, en effet, un simple projet de réforme qu'il soumet à l'opinion publique et sur lequel il veut être éclairé ou averti. C'est une révolution complète qu'il introduit dans l'enseignement secondaire ; c'est la substitution de méthodes arbitraires ou de procédés exotiques à d'anciennes traditions, éprouvées par trois siècles de succès, modifiées lentement et avec prudence par tous les gouvernements qui se sont succédé en France depuis quatre-vingts ans, et finalement abolies par le *sic volo, sic jubeo* du ministre de la république. On peut discuter les réformes de M. Jules Simon, les approuver ou les blâmer, mais ceux qui les approuvent comme ceux qui les blâment savent bien qu'il n'y a pas à composer avec elles. « Elles sont, comme l'a si bien dit l'évêque d'Orléans, si l'Université les subit, la ruine des *humanités* et le renversement définitif de la haute éducation intellectuelle de France. » Elles suppriment sans retour cette vigoureuse nourriture qui a fait la force des trois grands siècles de l'esprit français, celui de Louis XIV, celui de Voltaire et celui que nous sommes en train de dénigrer, si grand qu'il soit! car ce siècle est grand, malgré ses défauts, et cette France est grande malgré ses malheurs! Vaincue dans une défaillance momentanée de son organisation militaire, elle est restée reine par la civilisation, par le crédit, par l'esprit; et personne ne lui ôtera cette couronne, qui vaut bien celle de l'empereur Guillaume. Pourquoi donc nous renvoyer à l'école des Allemands, comme si nos écoles françaises n'avaient pas formé depuis trois siècles des lettrés, des philosophes, des magistrats, des jurisconsultes, des savants de tous les ordres, des ingénieurs, des diplomates, des officiers, des généraux, y compris Condé? Tous ceux qui se sont distingués en France, dans toutes les carrières, depuis trois cents ans, où avaient-ils puisé, si ce n'est dans une forte éducation classique, cette supériorité dont quelques-uns, disciples éminents, mais ingrats, abusent aujourd'hui contre elle?

Pendant trois siècles, le nôtre compris, l'Europe a parlé notre langue, a copié nos livres, a joué nos drames, a imité nos mœurs, nos modes, même nos ridicules, qui étaient souvent son seul esprit; et pendant ces trois siècles elle nous a sérieusement envié les hommes supérieurs qui naissaient en si grand nombre sur le sol français. Oui, elle les a enviés!... Je sais que je me sers là d'un mot qui fera sourire les teutomanes de notre pays; je le fais à dessein, étant persuadé que dans la haine sauvage dont ces *bons Allemands* nous ont donné, pendant la guerre de France et après la guerre, tant de douloureux témoignages, la jalousie de l'esprit français est pour beaucoup plus que la revanche d'Iéna, d'Austerlitz et de Friedland !

Nous sommes en train de changer tout cela. Ne sommes-nous pas en arrière de tout le monde? « L'éducation physique est encore à créer en France, » nous dit le ministre. — « L'hygiène est mal connue et mal pratiquée en France, » dit-il ailleurs. — « C'est une honte que la France soit aussi arriérée pour ce genre d'étude » (les langues vivantes), dit-il encore. — « Nous avons été devancés partout ; — je désire que, conformément à ce qui se fait en Allemagne, on commence (en géographie) par la description de la commune !... » Où donc l'éminent ministre a-t-il pris ce grand mépris de sa nation et de son temps ? Cela se concevrait de ces esprits vaniteux et médiocres qui, s'estimant fort, n'estiment personne, et auxquels un orgueil sans motif inspire un dénigrement sans mesure ; mais M. Jules Simon est un des esprits les plus distingués de notre époque; il a fait de beaux livres, de belles conférences, de bons discours, de nobles actions, notamment le jour où il refusa son serment au 2 décembre... L'Université de France le revendique comme un disciple qui l'honore, comme un maître qui l'a illustrée ; et à cette Université il ne laisse rien (je le prouverai) que les impérieux essais d'une transformation à peine ébauchée, qui vient s'imposer aux professeurs et aux élèves, le jour même de leur rentrée, dans la confusion et la surprise d'une révolution radicale. L'Université a-t-elle donc, elle aussi, été vaincue à Sedan ? La France ne savait pas assez de géographie et elle faisait trop de vers latins ! La grammaire aussi lui avait fait perdre beaucoup de temps qu'elle aurait pu donner à l'école de peloton. « Les vétilles orthographiques et grammaticales, » comme on nous le disait ici même, trop cultivées, nous ont conduits à l'abîme bien plus infailliblement que la faiblesse organique de nos armées, leur armement incomplet, leur approvisionnement tardif, l'insuffisance des grands commandements, et la supériorité trop méprisée du nombre sur le courage de nos héroïques phalanges! Non, ces causes générales de nos désastres ne sont rien! nous ne parlions pas l'allemand, nos soldats ne savaient pas le nom des rivières, et on aimait trop la poésie latine dans l'empire français[1]!...

III

Et aussi M. le ministre de l'instruction publique nous donne l'allemand, l'anglais, la géographie; il supprime, ou peut s'en faut, tout le

---

[1]. « L'enseignement peut seul préserver les générations qui viendront après nous *des défauts qui ont perdu la nôtre...* »

(M. Gaston Boissier, dans un article, fort remarquable d'ailleurs, de la *Revue des Deux Mondes* du 1er août 1872.)

reste; car ce qu'il en laisse n'est plus que l'ombre et le simulacre de ce qui existait. Ceux des anciens exercices classiques qui gardent encore un souffle de vie, le thème, la version, le discours latin, il les mutile si cruellement, il les frappe dans l'esprit des écoliers d'un tel discrédit, qu'autant vaut dire qu'il les supprime.

Qu'est-ce qu'un thème, par exemple, qui ne sera que la version retournée d'un morceau latin ? Qu'est-ce qu'une version « espacée », nous dit la circulaire, qui aura été l'objet d'une explication publique avant d'être le travail solitaire de l'écolier? Qu'est-ce que la grammaire qui, au lieu de former un ensemble raisonné et logique, ne sera plus que le jet fortuit d'une explication improvisée des auteurs, au milieu d'une inattention générale? Cette explication elle-même, imitée des colléges d'Angleterre, que sera-t-elle chez nous, pour des esprits au demeurant moins rassis et moins doués de *steadiness* britannique, quand elle devra remplir, au lieu de devoirs écrits, les longues heures de l'étude? Ceux qui savent ce que sont des écoliers à l'étude, de cinq à sept heures du soir, se figurent-ils ces enfants, ayant à préparer, sans rien écrire, une centaine de vers de Virgile, ou un acte d'Euripide, ou trois ou quatre lettres de Cicéron? Les voyez-vous, dans un tel travail, où rien ne les soutient, ne les contraint, ne les stimule, tombant de fatigue sur un texte mort, d'où ils n'ont pas à tirer l'étincelle la plume à la main, et remuant, pour se donner une contenance, leur dictionnaire impuissant? Un devoir écrit vous commande plus ou moins. Il est votre œuvre personnelle. Il faut qu'il soit fait, — dût-il n'être que médiocre. La préparation des auteurs, comme œuvre unique, est moins que rien. C'est un travail dépourvu de sanction; c'est la paresse organisée et devenue, en dépit de tout, maîtresse du terrain.

Ainsi M. Jules Simon, dans les méthodes traditionnelles de l'éducation classique et dans son approvisionnement indispensable, la grammaire, la prosodie, le vers latin, le thème, la dissertation latine, le discours latin (voir le paragraphe XVII de la circulaire), M. Jules Simon supprime tout. Que dis-je? il propose de supprimer, par haine des devoirs écrits, même le papier ou peu s'en faut. « Le papier, dit-il (paragraphe XI), tient une grande place dans nos écoles comme ailleurs. Dictées, devoirs et corrigés, préparations écrites, rédactions, etc., etc., c'est là de quoi remplir une partie des classes et la presque totalité des études. *J'ai donné des ordres pour empêcher cet abus...* » Pauvre papier d'écolier, complice innocent et trop peu volontaire des devoirs écrits, nous ne vous savions pas si coupable!

Quoi qu'il en soit, et sur cette route du progrès continu, nous arrivons aux langues vivantes. « J'ai résolu, écrit le ministre, que tous nos élèves, en sortant de nos écoles, parleront couramment une langue vivante... » J'ai résolu!... M. Jules Simon se flatte; aucun de ses élèves ne saura parler l'anglais ni l'allemand en sortant du collége, pas plus qu'aucun d'eux ne sait parler le latin et le grec. On apprend très-bien à lire et à comprendre les langues en dehors des pays où on les parle habituellement. On ne les parle et surtout on ne les prononce bien que sur place; et il ne suffirait pas de donner à une réunion d'enfants le spectacle burlesque d'un de ces intermèdes dialogués que M. Henry Aron nous racontait ici même, il y a quelques jours, si agréablement. Le grand principe qui semble diriger M. Jules Simon, sa pensée maîtresse est celle-ci : « On apprend les langues vivantes pour les parler, les langues mortes pour les lire. » Mais on ne parle avec utilité et on ne lit avec profit que les langues que l'on sait bien; cherchez donc un meilleur moyen de les savoir que de les écrire, et une meilleure méthode que les nôtres ?

Ainsi, on aura remplacé l'étude des langues soi-disant mortes par l'apprentissage des vivantes,

Sophocle, entre autres, par Shakespeare, et le latin de Virgile par l'allemand de Schiller. Nous sommes pleins d'admiration pour ces grands noms de la littérature moderne; nous demandons timidement s'ils fournissent à l'éducation des âmes et à la nourriture des intelligences des aliments aussi substantiels et d'une délicatesse aussi éprouvée que les incomparables écrivains de la Grèce et de Rome en leurs grands jours; s'ils ont comme eux ce que Fénelon appelait « cette aimable simplicité du monde naissant », que le monde ancien a si longtemps conservée. Mais soit; vous aurez des humanistes sur le modèle des littératures étrangères; aurez-vous atteint le but que poursuivent si inconsidérément tant de parents ignorants ou aveugles, contempteurs imprévoyants de l'éducation classique, qui rêvent pour leurs enfants la destinée de commis voyageurs perfectionnés, pouvant parler partout où ils sont envoyés la langue de leurs correspondants et de leurs commanditaires?

Ce serait là, pour le commerce des épices et des soieries, un véritable avantage; mais c'est aux écoles de commerce à vous le donner. L'Université ne vous le doit pas — dans la mesure où vous le voulez; si elle vous le donne, elle vous refusera le reste, la vraie culture de l'esprit [1].

Et puis, M. Jules Simon se flatte doublement. Où trouvera-t-il des professeurs pour enseigner

---

[1]. Voici ce qu'écrivait récemment, sur cette démangeaison de l'étude prématurée des langues étrangères, un très-bon juge, professeur éminent, savant linguiste et teutophile resté français, M. Adolphe Franck, dans un article sur l'excellent livre de M. Mézières (GOETHE, *les Œuvres expliquées par la vie*) : « Gœthe, disait-il, quoiqu'il eût fait, ou, pour parler plus exactement, parce qu'il avait fait de la langue française une étude approfondie, désespérait de se l'approprier jamais au point de s'en servir sans incorrection choquante. Il avait raison. C'est un des traits et une des preuves de notre originalité, que les étrangers, surtout les Allemands, ne puissent jamais atteindre chez nous à ce degré de naturalisation. Non-seulement ils sont inhabiles à écrire et à parler notre langue d'une manière absolument correcte, mais ils sont incapables de la comprendre chez nos auteurs les plus

les langues vivantes, des hommes capables de tenir tête, avec leurs façons d'agir et de parler exotiques, à des classes de soixante ou quatre-vingts élèves? J'en ai bien vu de ces maîtres de langues! on comptait ceux qui savaient tenir une classe. On les formera : je le souhaite ; mais c'est affaire de temps, et nous aurons le temps, monsieur, de revenir aux bons principes, en dimi-

français, par exemple Molière, La Fontaine, Pascal, Bossuet. Si l'on veut en avoir une preuve éclatante, qu'on lise les âneries de Guillaume Schlégel sur le théâtre de Molière. Hélas! le sens de ces incomparables écrivains ne finira-t-il point par nous échapper à nous-mêmes quand nous aurons substitué, ou seulement associé à l'étude de leurs œuvres la connaissance pratique de plusieurs langues vivantes? On n'apprend pas impunément dès l'enfance, avec une égale application, plusieurs langues, à moins qu'on ne veuille se borner à les parler et à les écrire dans le style des maîtres d'hôtel et des commis voyageurs. J'allais oublier : il y a aussi le style des casernes qui, grâce au nouveau régime imposé à l'Europe par la Prusse, sera bientôt la langue universelle des nations civilisées. »

(*Journal des Débats* du 24 juillet 1872.)

nuant jusqu'au terme des vraies études classiques l'importance des langues vivantes et des maîtres étrangers.

IV

Parmi les choses que M. Jules Simon nous laisse ou qu'il veut bien croire qu'il nous donne, j'ai oublié l'histoire; il nous la laisse. J'oublie aussi la littérature française; il nous en fait don. « Quand nous aurons, dit-il, réduit les leçons, diminué les devoirs écrits, restreint l'emploi du thème, *espacé* la version, supprimé les vers latins, restitué à l'explication des textes la première place, il nous restera peut-être quelques instants pour étudier le français. »

Quant à l'histoire, c'est le gouvernement de la Restauration, par les mains de l'illustre Royer-Collard, qui l'avait libéralement ajoutée à l'instruction universitaire, et aucun des écoliers qui ont pu apprécier alors le bienfait de cette capitale innovation (j'étais du nombre) n'a oublié par quelle pléiade d'habiles et zélés professeurs cet enseignement fut inauguré[1]. Ici pourtant je veux faire remarquer que ce n'est pas M. Jules Simon qui a inventé le progrès dans l'Université. Tous les gouvernements y ont mis la main; tous ont voulu ajouter à la puissance de l'instruction publique par la diversité intelligente; aucun ne lui a disputé l'unité, c'est-à-dire la prééminence des études classiques sur toutes les autres, laquelle tient précisément aux méthodes qu'on abolit.

Après la Restauration, qui avait donné l'histoire, vint le gouvernement de Juillet, qui fut pris dans les premiers temps d'un véritable accès de remaniement des programmes d'in-

[1]. Il n'est que juste de rappeler ici les noms de MM. Michelet, Cayx, Poirson, Auguste Trognon, Desmichels, Gaillardin et tant d'autres plus tard.

struction scolaire. Je dirigeais à cette époque les études d'un jeune prince, aujourd'hui mon confrère à l'Académie française, et je me souviens qu'en pleine classe de sixième :

« C'est-à-dire dans une réunion d'enfants dont le plus âgé n'avait pas treize ans, on apportait un grand squelette d'homme destiné à la leçon du jour. Un savant professeur expliquait le squelette aux écoliers, depuis l'os frontal jusqu'au métatarse, en passant par le métacarpe et le mésentère. Le squelette, avec ses grands bras, gagnait insensiblement sur le terrain des autres études et se substituait sournoisement à la prosodie et à la grammaire.

« Les enfants concouraient, un jour de composition générale, sur les phénomènes de *circulation*, de *digestion* et de *sécrétion*. On tuait des lapins pour étudier, dans leur appareil digestif, le rapport de leurs fonctions avec celles de l'homme...

« Mais bientôt on renonça, et on fit bien, à

ces tristes expériences. On enleva les enfants à l'anatomie comparée; on les rendit au rudiment, et on réserva aux philosophes l'étude des *crustacés*, des *mollusques* et des *batraciens*. D'un autre côté, l'histoire, qui avait un moment empiété sur le terrain destiné aux « humanités » proprement dites, se montra moins exigeante. La langue grecque remonta au niveau qui lui appartient de droit dans l'enseignement public. Les sciences exactes y trouvèrent une plus large place et mieux définie. Je crois donc que de toute manière, vers le milieu du dernier règne, sous le ministère de M. Guizot, l'instruction des colléges, tout en rendant à l'étude des langues classiques leur antique prédominance, avait fini par atteindre la mesure de variété nécessaire au développement des esprits[1]. »

---

[1]. Ces lignes, que je m'emprunte à moi-même, sont extraites d'un écrit que je reproduis au complet, un peu plus loin (voir l'*Appendice*), comme se rapportant au sujet qui est traité dans cette lettre.

La révolution de 1848 n'eut ni le temps ni la volonté de révolutionner l'Université. La république eut alors de sages ministres qui donnèrent la liberté à l'enseignement, sans ôter à l'instruction classique les éléments de sa prééminence traditionnelle. Quand plus tard M. Fortoul imagina ce qu'on a appelé d'un nom qui n'était pas moins barbare que la chose; quand la réforme, sous le nom de « bifurcation », vint s'asseoir sur le fauteuil où avaient siégé, de 1810 à 1852, tant d'hommes illustres, présidents, ministres et grands maîtres, ce fut une rude épreuve pour l'institution universitaire. Deux courants aux rives stériles prirent la place de ce grand fleuve où s'abreuvait depuis trois siècles la jeunesse intelligente. Malgré tout, sur une des deux voies ouvertes à l'instruction publique, les langues anciennes étaient à peu près maîtresses. Le mal avait été grand. Il fut promptement réparé. C'est l'honneur des derniers ministres de l'Université sous l'empire.

M. J. Simon leur reconnaît un mérite : ils avaient rendu les vers latins « facultatifs ».

Non, jamais l'Université ne s'était refusée au progrès, et il est injuste de se faire une arme contre elle des joyeusetés de Rabelais ou des épigrammes de Montaigne ; — Montaigne, un vrai latin du xvie siècle, qui avait dû faire plus d'un thème dans sa vie et ne s'en était pas trouvé plus mal. Mais invoquer contre les méthodes universitaires le témoignage de Port-Royal et jusqu'à celui de Rollin, c'est presque insulter à leur mémoire. Port-Royal et Rollin n'ont pas écrit un mot qui n'eût pour objet la juste prééminence de l'instruction classique, commencée de bonne heure, accrue et fortifiée comme l'âge même de ses disciples, et aboutissant, dans une rhétorique finale, à l'étude et à l'imitation de la haute littérature, grecque, latine et française[1].

1. Voir notamment, pour ce qui concerne Rollin, dans le *Traité des études* (édition Lenormant, 1808), ce que

M. Jules Simon croit qu'il aura eu l'honneur de rendre au culte des lettres françaises, dans l'enseignement, une place qu'on leur refusait. Le ministre oublie que cette place est remplie, qu'elle l'a toujours été depuis le commencement du siècle; qu'elle l'est plus que jamais, par la raison qu'il est impossible à un professeur, pour peu qu'il ait de bon sens, d'érudition et d'esprit, d'enseigner les langues anciennes à sa classe, sans faire à chaque pas un retour vers

ce sage maître nous dit de la *grammaire* (p. 197), du *thème latin* (p. 243), du *vers latin* (p. 305), des livres *composés exprès en latin* (p. 198), tout ce que la circulaire ministérielle proscrit ou dénigre. Rollin veut que l'explication des auteurs anciens serve de préparation aux exercices écrits, le thème, les vers, le discours, bien loin de les exclure, surtout à partir des humanités : « Il en est, dit-il, de ces principes des sciences comme des fondements d'un édifice. S'ils ne sont solides et profonds, tout ce qu'on bâtit dessus est ruineux. Il vaut mieux que les enfants sachent peu de choses, pourvu qu'ils les sachent à fond et pour toujours. Ils apprendront assez vite, s'ils apprennent bien... » Rollin avait prévu la méthode Jacotot.

la langue nationale, les unes servant non-seulement d'étymologie, mais d'explication et de commentaire à l'autre. Qu'était-ce, par exemple, que ce thème latin tant ridiculisé, et dont M. Jules Simon a si grand'peur? une leçon de langue française par l'inévitable comparaison de deux idiomes, par le rapprochement du génie de deux langues, l'une obligée de s'assimiler à l'autre, la vivante interrogeant la morte pour lui tirer son secret. Et la version, j'entends la version écrite, non « la promenade » (c'est le mot de M. Jules Simon) à travers un texte rapidement parcouru, — la version latine, qu'était-ce autre chose, comme le thème lui-même, qu'une étude de style français sous une autre forme? Les vers latins, la narration latine, le discours latin, avec leurs équivalents pour le grec, autant d'exercices du même genre, tous profitant par la comparaison, le rapprochement, la fécondation mutuelle, à l'intelligence de la langue et de la littérature françaises? Est-ce que M. Jules Simon ignore que de tout temps nos grands écrivains du xvii⁰ siècle, soit par d'ingénieuses et savantes évocations, soit par des exercices de mémoire (j'ai su Racine presque tout entier), avaient acquis droit de bourgeoisie dans nos classes et y figuraient au premier rang? M. Jules Simon peut-il croire qu'un Luce de Lancival, un Wailly, un Villemain, un Burnouf, un Patin, un Jules Pierrot, un Saint-Marc Girardin, un Adolphe Regnier, et tant d'autres moins illustres, mais également dévoués à leur double tâche ; — que tous ces lettrés, quand ils professaient les *humanités,* gardaient sous clef nos grands prosateurs et nos grands poëtes pour leur interdire l'accès du collége? Tel est, au contraire, le mérite de ces admirables écrivains de notre langue qu'ils eussent donné de l'esprit à des professeurs qui en eussent eu moins que M. Villemain ; et c'était possible. Aussi aucun ne manquait de puiser à cette source intarissable. Le discours français était une occasion sans cesse reproduite de remonter aux vrais modèles du bon raisonnement et du beau langage ; et quel est donc le rhétoricien, si médiocre qu'il fût, qui n'a pas rapporté, dans le monde où il s'est confondu plus tard, ce souvenir, cet éveil, ce mouvement des lettres françaises dont le collége était rempli?

V

Touchons ici à la vraie question, à ce que je me permettrai d'appeler la philosophie du sujet, dussé-je avoir l'air de signaler une lacune dans l'œuvre d'un philosophe aussi justement célèbre que M. Jules Simon. Mais M. Jules Simon est philosophe quand il s'agit d'apprécier le détail et le ménage, pour ainsi dire, de la vie scolaire. Il le regarde de haut et le défait avec un dédain superbe. Quand il s'agit de tirer des méthodes et des procédés universitaires le sens profond qu'ils recèlent, le philosophe n'est plus qu'un praticien volontairement borné.

La philosophie de l'éducation classique, ce n'est ni plus ni moins qu'une question sociale de premier ordre, — la question de savoir si, en dehors de toute instruction primaire, spéciale ou professionnelle, il est bon qu'un enseignement existe, fait pour assurer à ses adeptes un certain degré de supériorité intellectuelle, dans toutes les carrières qui sont la force, la puissance et l'honneur de la société humaine. En d'autres termes, est-il bon qu'une culture d'un ordre élevé et même raffiné, ouverte à tous, même aux plus humbles, — donnée par l'État ou par des écoles libres, — ait particulièrement pour but de conserver dans une portion notable de la société les lumières qui doivent éclairer de très-haut sa route, de tous les points où elles rayonnent ?

Ici se pose le problème qui, toujours posé, a toujours été résolu de la même manière : sous quelle forme sera pratiquée la culture de l'intelligence parmi les enfants que la fortune ou l'aisance de leur famille, un bienfait de l'État, une vocation heureuse, une adoption gratuite par les chefs d'établissement destinent à l'éducation secondaire? car il ne s'agit pas ici seulement des « fils de famille », comme M. Jules Simon les appelle. C'est bien le plus grand nombre qui paye pension; mais j'ai eu au collège des camarades, fils d'artisans, qui n'étaient pas les moins distingués. Des universitaires, devenus célèbres, avaient pour parents d'obscurs serviteurs du collége même qu'ils devaient illustrer. C'est l'éminent caractère de l'éducation, ainsi conçue. C'est bien elle qui a supprimé les classes. Pour elle, tous ses disciples dans tous les rangs sont « fils de famille ». Elle sauve le riche des corruptions de la fortune. Elle inspire au noble, au lieu de l'orgueil de race, la généreuse fierté de l'esprit. Elle relève dans le bourgeois le sentiment de l'égalité. Elle met à la portée des plus humbles la considération et l'influence.

« Quand l'empereur Napoléon, en créant l'Université, écrit M. Guizot, lui donna surtout pour mission de rendre à l'instruction secondaire, aux études littéraires et classiques, leur force et leur éclat, *il était guidé par un instinct profond de notre état social,* de son histoire, de sa nature et de ses besoins; il savait qu'après les prodigieux bouleversements de notre Révolution, après la chute violente de toutes les existences hautes, au milieu de tant de fortunes nouvelles et soudaines, pour consacrer de tels résultats, pour sanctionner en quelque sorte le triomphe des classes moyennes et assurer leur influence, il fallait cultiver et développer dans ces classes les études fortes, les habitudes du travail d'esprit, le savoir, la supériorité intellectuelle, et par là les montrer, les rendre en effet dignes de leur rang. Il fallait qu'au même moment où la France nouvelle prouvait sa force et se couvrait de gloire sur les champs de bataille, elle fît dans l'ordre civil les mêmes preuves et jetât le même éclat. Des magistrats, des administrateurs, des avocats, des médecins, des professeurs capables, savants, lettrés, ce n'est pas seulement le besoin intérieur d'un peuple, c'est sa dignité, c'est son crédit dans le monde. C'était surtout à former ces grandes professions, ces portions les plus élevées des classes moyennes, que l'Université était vouée.

« Beaucoup de familles de l'ancienne noblesse française ne voyaient pas sans humeur ce foyer d'activité et de force sociale où la bourgeoisie venait s'élever au niveau de ses laborieuses destinées, et elles ne s'étaient pas encore décidées à envoyer aussi leurs enfants dans cette arène commune pour y acquérir les mêmes moyens de succès et s'y préparer à reprendre, par l'intelligence et le travail, leur place dans l'État. » (*Mémoires*, tome III.)

Pour accomplir une telle œuvre, pour venir en aide à cet avénement prodigieux d'un peuple émancipé, dans l'ordre civil et politique, par une révolution qui avait ouvert sous ses pas toutes les voies de l'ambition et de l'influence, était-ce une instruction purement technique et professionnelle qui suffisait? Ou bien ne fallait-il pas cette éducation par l'étude lente, prolongée, minutieuse, approfondie, raffinée, des langues anciennes, le seul moyen qu'on ait encore trouvé, après trois siècles, de cultiver et d'assainir l'esprit, de le rendre souple et viril, abondant et délicat; le seul moyen qu'on ait imaginé de développer, dans les adolescents, les facultés principales de l'entendement, sans borner ou sans rebuter l'intelligence, sans la briser dans son essor ou sans la dessécher dans sa fleur? Les révolutions ont passé sur la France; elles ont modifié les mœurs et les goûts du public; elles n'ont au fond, — ni Talleyrand, ni Condorcet, ni Daunou, ni Saint-Just, ni aucun de ceux qui ont eu à traiter de l'instruction publique depuis 89, — elles n'ont rien changé de fondamental dans le système de l'éducation de la jeunesse, et je mets au défi les révolutions à venir d'y rien changer.

Ah! dites donc le contraire, vous tous qui, sortis de l'Université et devenus influents grâce à elle, ne savez plus que médire de la main qui vous a nourris, instruits, grandis, qui vous a préparé la nourriture de l'âme, l'aliment de l'esprit, qui vous a tressé des couronnes au collége et préparé dans le monde le succès que vous obtenez si justement! Je pourrais nommer ici quelques-uns de ces illustres ingrats. On ne me défendra pas du moins de citer, comme je vais le faire, un écrivain distingué entre tous et resté fidèle à l'Université, dans le grand éclat de son talent et dans l'indépendance de son esprit, M. J.-J. Weiss.

VI

On sait l'objection un peu béotienne des parents qui, après avoir confié leurs enfants à l'instruction publique, lui reprochent de ne leur avoir rien appris que du latin et du grec. J'ai assez montré qu'au collége on apprenait autre chose, ne fût-ce que l'histoire qu'on n'apprend vraiment que là, quand on le veut bien. Mais enfin, du latin et du grec, quand on le sait, c'est déjà beaucoup, non pour l'utilité matérielle qu'on en retire et pour le prix de revient immédiat, mais pour l'éducation générale et l'approvisionnement fécond de l'esprit; et les parents s'en doutent bien, quoi qu'ils en disent. Croient-ils que leur fils, fruit-sec de la rhétorique, aurait mieux trouvé sa place dans une école professionnelle? Pourquoi l'avoir laissé dans une école de l'Université? Une dame qui se plaignait beaucoup de la nullité de son enfant (elle avait raison) et à qui je proposais, étant alors préfet des études au collége de Sainte-Barbe, de le placer dans ce que nous appelions un peu ironiquement la division des *pas-latins :* « Pour rien au monde, monsieur, me dit-elle; je ne veux pas que mon fils passe pour un imbécile! » Il y a des paresseux partout. La société le dit comme le collége par tous ses échos. L'éducation universitaire a les siens; elle ne fait pas d'imbéciles. Les médiocres se frottent à la supériorité des bons :

> Quo semel est imbuta recens servabit odorem
> Testa diu. . . . .

Mais voici ce que répond, encore mieux qu'Horace, dans un récent et spirituel article, M. J.-J. Weiss, à ces parents affolés de gymnastique et d'équitation, mais très-peu friands d'études classiques, dont la circulaire de M. le ministre de l'instruction publique semble avoir en ce moment comblé tous les vœux :

. . . .

« L'éducation, supposée parfaite, n'a qu'un objet : former des hommes accomplis... Elle n'est pas conçue en vue de telle ou telle carrière spéciale, elle est conçue en vue de qualités générales d'esprit et de caractère, que la culture habile du caractère et de l'esprit peut créer ou développer, et qui sont utiles et nécessaires dans tous les états de la vie.

« Elle ne fait pas des teinturiers, des épiciers et des ferblantiers plutôt que des soldats, des poëtes et des artistes... L'éducation ne serait en ce cas que l'apprentissage ou le stage; elle fait ou vise à faire des êtres bien constitués; elle ne fabrique pas des outils et des machines, elle fabrique ou vise à fabriquer de beaux corps, de belles âmes et de belles intelligences. Voilà l'éducation idéale; il faut en approcher autant que le permettent les conditions de la vie moderne.

« Puisque l'état de possession appartient en ce genre aux humanités, puisque ce sont les *humanités* (le nom ne s'est pas formé à la légère) qui, dans l'art de faire des hommes, ont pour elles l'expérience acquise, il ne s'agit que de chercher s'il y a des raisons de les dépouiller de leur empire, si l'on peut se passer d'elles pour la culture, supposée parfaite, de l'entendement humain et de l'âme humaine; si ce ne sont pas elles qui doivent garder la prépondérance, et pour quelles causes cette prépondérance est salutaire et ne peut jamais cesser de l'être.

« Rien n'est plus propre à faire comprendre le rôle des humanités dans l'éducation de l'esprit que les règles établies ou rappelées par M. Jules Simon lui-même pour l'éducation du corps. . .
. . . . Parmi ceux qui l'applaudissent, il y a naturellement beaucoup d'ennemis des lettres anciennes, beaucoup de ces gens qui croient dire quelque chose en disant: « A quel métier défini préparent les thèmes

« grecs et les vers latins ? Quelle est l'utilité
« pratique des langues qu'on ne parle plus ?
« Combien un jeune homme éminent dans la
« dissertation latine aura-t-il d'occasions dans la
« vie moderne de disserter en latin ?... »

« Veut-on nous dire à quel métier prépare la gymnastique, et combien un jeune homme éminent dans le saut de la perche et dans celui du cheval de bois trouvera d'occasions, dans la vie moderne, de sauter un cheval de bois et de se promener, à travers les villes et les campagnes, une perche à la main ? A-t-on réfléchi dans quelle carrière déterminée, hormis celles de hussard, d'écuyer ou de jockey, qui ne conviennent pas à tout le monde, un jeune homme de vingt ans, obligé de gagner sa vie à cet âge, pourrait se procurer quinze cents francs de revenu avec son bagage d'équitation ?. . . . .
Qu'est-ce que les partisans des exercices du corps, s'ils sont d'ailleurs adversaires des humanités, peuvent répondre à notre argumentation ?

Rien du tout. . . . .

« La gymnastique, la natation, l'escrime, la danse, l'équitation font-ils des corps plus alertes, plus vigoureux et plus beaux? Oui, sans doute! donc elles doivent former le fond de l'éducation physique de la jeunesse. Les langues anciennes, les poëtes, les historiens et les philosophes anciens, nos auteurs français du XVIIe siècle, d'une part; *le thème, la version, le discours,* d'autre part, font-ils les intelligences plus droites, plus fines, plus souples, plus riches et plus robustes, les âmes plus délicates, plus vigoureuses et plus belles? Telle est toute la question. La règle suprême ne peut pas être différente pour l'éducation de l'esprit que pour celle du corps [1]. »

J'ai cité et trop abrégé cet extrait d'un ingénieux et substantiel article. Il est impossible d'avoir plus raison devant la raison, et encore

---

[1]. Extrait de *Paris-Journal,* numéro du 14 octobre.

plus devant l'étroit préjugé, l'aveuglement et le parti pris de certains détracteurs de l'enseignement classique. Eh bien oui, on apprend le latin à vos enfants, et il ne leur servira à rien d'immédiatement échangeable, comme un billet de banque ; vous avez raison, s'il vous faut un profit sur place : le latin ne leur servira à rien, excepté à une petite chose, à faire d'eux des intelligences droites, saines, ouvertes à tout, exercées à tout ce qui est du domaine de la pensée humaine, préparées pour tout travail difficile, fût-ce des langues vivantes ; ayant le sentiment, le goût, quelquefois le talent du style, — au demeurant supérieures à tout niveau qu'on aura arrêté trop tôt au simple exercice de la mémoire, à la connaissance exclusive des faits, au maniement des chiffres, à l'idolâtrie du *doit* et *avoir*.

Telle est donc la grande importance sociale de l'instruction secondaire, non pas bornée, comme on dit, mais étendue à l'étude des langues et des littératures de l'antiquité et appuyée sur l'enseignement historique ; éducation remontant sans cesse aux sources antiques du beau et du vrai, mais contemporaine et française par le recours incessant aux grandes œuvres de notre pays, aux idées, aux progrès, au mouvement littéraire de notre temps, sous quelque ciel qu'il se produise. L'éducation classique peut tout aborder, parce qu'elle peut tout juger. Sa tolérance cosmopolite naît de sa supériorité inébranlable. Son goût pour les bons écrits du jour s'entretient en quelque sorte avec la flamme des anciens. C'est avec ce flambeau qu'elle pénètre dans la nouveauté attrayante et parfois dangereuse des œuvres modernes. Thucydide et M. Guizot, Tite-Live et M. Thiers, Virgile et Lamartine, Lucain et Victor Hugo, Platon et Cousin, Démosthène et Mirabeau, le *De Officiis* et le traité *du Devoir*, — quel est donc le professeur de rhétorique qui se refuse à ces rapprochements ou à ces contrastes? Car tous les grands esprits se tiennent en quelque sorte par une certaine filiation de race, en dépit du temps et de l'espace, qui font souvent entre eux toute la différence; tant devient manifeste, à une certaine hauteur, l'immortelle identité de l'esprit humain.

VII

Je le demande maintenant, non au ministre, mais au philosophe : pour le grand dessein que, dans l'intention du fondateur glorieux de l'Université moderne, héritière agrandie de l'ancienne, l'éducation classique de la jeunesse française doit accomplir, qui vaut le mieux d'un disciple même médiocre de ces patientes études, si diverses dans leur unité, si belles dans leur labeur infini, — ou d'un adepte de cette bigarrure philotechnique qui est aujourd'hui de mode, — ou enfin d'un de ces habiles perroquets, parleurs équivoques de langues exotiques, dont ils n'ont pu apprécier, faute d'une culture plus sérieuse, ni le génie ni les chefs-d'œuvre?

Une certaine école ou plutôt une secte politique qui n'est qu'une infime minorité dans notre pays rêve en ce moment, tout le monde le sait, et on nous l'a dit récemment à Grenoble, l'abaissement du niveau social, afin de le faire descendre jusqu'aux couches inférieures qui dédaignent de s'élever jusqu'à lui. Qu'est-il besoin pour une telle opération de tant d'études savantes et prolongées? C'est bien le cas de dire : A quoi servira le latin? Pourquoi tant de peine pour un si facile résultat? tant de dépenses pour un si mince produit? Pourquoi des humanistes et des hellénistes?

Les Grecs me paieront-ils mes rentes viagères !

disait Berchoux, mis au régime des assignats. Qu'ont à faire les Latins et les Grecs dans le travail du communisme? Descendez! c'est à nous de monter! Otez-vous de là! c'est nôtre tour d'y être! Les bibliothèques, les musées, les Académies, les lycées, les Facultés de tout ordre, c'est le luxe d'une aristocratie dominante ou d'une bourgeoisie ambitieuse! Adoptons un type, véritable étalon de l'éducation nationale, le même pour tous : lire, écrire et compter, — afin que personne n'ait plus d'instruction que son voisin. Partageons l'esprit comme tout le reste. Chacun en aura dès que personne n'en aura plus... Si ce n'est pas là le langage même du communisme réformateur, c'en est le sens : abaisser les grands niveaux, détrôner l'esprit français, lui ôter son âme, lui laisser un corps pourvu de tous les appétits matériels, le confondre et l'abêtir dans la promiscuité universelle. Les croyances religieuses semblaient autrefois un rempart contre une telle entreprise; y suffisent-elles encore aujourd'hui? A défaut d'elles ou avec elles, M. le ministre de l'instruction publique et des cultes conviendra du moins que la grande et incontestable puissance de l'éducation classique est encore ce qui nous protége le mieux contre la décadence qui nous menace.

Contre de tels dangers, ce n'est pas trop de toutes nos ressources, de toutes nos forces. M. Jules Simon veut fortifier les corps; il a raison. « Une âme guerrière est maîtresse du corps qu'elle anime, » a dit Bossuet; il parlait d'un héros infirme. Pour le commun des hommes, l'âme est mieux logée dans un corps vigoureux et sain que sous une enveloppe débile. Donnons aux exercices physiques tout le temps que les sérieuses études nous laissent; mais n'en exagérons, dans un établissement public, ni la facilité ni l'importance. Cela nous conduirait à parler de l'*internat*, cette « bête noire » de certains réformateurs, comme si l'internat, dans des maisons d'éducation respectables, n'était pas une nécessité de premier ordre pour une société constituée comme la nôtre. Les adversaires de ce mode d'éducation devraient bien nous donner leur recette pour transformer en instituteurs directs les pères de famille obligés, pour mille causes, de mettre leurs enfants au collége, sans parler des mères qui ne savent plus rester chez elles. Ils devraient bien nous fournir les moyens d'assurer à tous une indépendance absolue, la capacité pédagogique, ou la fortune tout au moins pour entretenir à leurs frais un précepteur à la maison. L'internat est l'inévitable auxiliaire de la famille, qu'il assiste sans la remplacer ; c'est à elle de veiller sur lui. Il a, quoi qu'on ait pu dire, plus de défauts que de vices. Son incomparable mérite, c'est qu'il est, pour les enfants et les adolescents, le meilleur apprentissage de la vie humaine, le véritable noviciat du monde réel, non pas le monde des viveurs et des jockeys, mais celui de la vie active, laborieuse, livrée à la concurrence, en butte aux mécomptes et aux exigences d'une lutte incessante, d'une égalité redoutable.

Et c'est pour préparer la jeunesse à cette

lutte qui l'attend dans le monde que M. le ministre de l'instruction publique se montre disposé à la suppression des concours généraux ! Dans son système, il a raison. Les traditions de l'éducation nationale une fois abandonnées et l'instruction scolaire livrée à l'empirisme, les concours n'ont plus rien à faire. « Ce sont des pertes de temps, dit le ministre, des dépenses, des occasions d'injustice... » Ainsi, plus d'émulation dans les classes. Elle existe, elle existera toujours dans le monde, qui ne se soutient, l'intérêt à part, que par ce généreux besoin de considération et d'influence, son ressort moral. L'émulation est nécessaire aux hommes faits ; supprimez-la pour les enfants ; supprimez

> . . . Le plaisir et la gloire
> Que donne aux jeunes cœurs la première victoire !

supprimez les couronnes classiques de Condé, celles que Rocroy, Fribourg et Nordlingen ne lui avaient pas fait oublier. Et puis, nous vous demanderons ce que vous mettrez à la place? Quel stimulant vous substituerez à celui-là? Vous nous direz ce que vous pourrez mieux faire que d'intéresser les parents, les maîtres, les camarades, le public tout entier aux succès de l'esprit et du travail, dans ceux qui les ont vraiment mérités? Vos examens publics, je les approuve, malgré la presque insurmontable difficulté de l'exécution; mais que la faiblesse et l'incapacité des élèves, bien souvent rachetée pour des juges équitables par un travail réel quoique stérile, — que ce malheur de l'infériorité, qui n'est pas toujours le tort de la paresse, soit frappé d'un maintien arbitraire dans la classe inférieure ou d'une « impitoyable » exclusion (c'est le style de la circulaire), ah! croyez-le, mieux vaut laisser l'émulation pour les bons élèves que décréter la proscription des mauvais. *Sinite parvulos ad me venire...* Laissez les faibles, sinon venir à vous, du moins rester avec vous, tant qu'ils n'auront d'autre tort que la faiblesse de l'esprit, non la corruption du cœur.

Je n'ajoute rien. Laissez venir à vous les faibles et les pauvres d'esprit! Laissez-leur le collège. Dieu leur promet le ciel. *Beati pauperes spiritu!...* Point de rigueurs impitoyables. Et puis, sachez une chose : quand les pères de famille, devant le silence de vos circulaires sur l'instruction religieuse qui est le droit des enfants dans tous les cultes, et devant « le renversement de la haute éducation intellectuelle » qui était la supériorité de vos colléges, — quand les parents auront un choix à faire, ce ne sera pas votre faute, monsieur le ministre, s'ils ne prennent pas, leurs fils à la main, le chemin des écoles ecclésiastiques... Ces écoles n'ont jamais eu nos préférences. Nous sommes des partisans de l'éducation laïque; mais n'essayez pas d'y rattacher les familles, quand vous aurez détruit ce qui faisait sa garantie, sa force et son avenir.

Et malgré tout, ne désespérons pas. M. le ministre de l'instruction publique convoque les professeurs en assemblée générale dans chaque collége, et il leur demande leur avis, quoiqu'un peu tard. En même temps il améliore leur situation matérielle. C'est leur rendre doublement justice. Les professeurs montreront au ministre une reconnaissance digne de lui. Sérieusement consultés, ils resteront indépendants; mieux traités par l'État, ils ne serviront que son intérêt. Ils ont leur plat de lentilles... L'Université ne livrera pas son droit d'aînesse.

Paris-Passy, octobre 1872.

Cuvillier-Fleury.

APPENDICE

APPENDICE

(*Voir* page 33.)

M. Alphonse Karr avait publié, en 1851, un roman satirique, très-spirituel, dont tous les « fruits-secs » de nos lycées firent leur pâture, et qui amusa même les gens du monde. Ce roman intitulé *Raoul Desloges, ou Un homme fort en thème,* était la critique dramatisée de l'éducation universitaire. J'eus l'idée de le réfuter alors comme j'ai essayé de répondre aujourd'hui, dirai-je à un plus redoutable adversaire, M. le ministre de l'instruction publique ? Au fait, la comédie, la satire, le roman, mettant le rire, la passion, l'aventure au service d'une thèse plus ou moins contredite par l'expérience et la raison, je ne sais rien de plus chanceux à combattre, de plus difficile à vaincre. « J'ai ri, me voilà désarmé... » J'ai essayé de rire un peu de M. Alphonse Karr, comme il aime à rire de nous. Ai-je eu raison contre lui? Il ne le croit pas sans doute. M. le ministre de l'instruction publique n'a pas moins de confiance dans ses idées. Pourquoi pas? *Sub judice lis est.* Ce juge, c'est le public.

L'UNIVERSITÉ ET LE ROMAN

Le livre de M. Alphonse Karr est un roman par le cadre, une thèse philosophique et morale par l'intention. Le roman est amusant; les conclusions de la thèse sont contestables. M. Alphonse Karr s'attaque au système traditionnel des études classiques dans l'éducation de la jeunesse. On voit qu'il ne s'agit là ni de la querelle de l'Université et de l'Église, ni des jésuites, ni de l'État, mais des études classiques proprement dites, du grec et du latin, puisqu'il faut tout dire. Lycées ou séminaires, collèges de l'État ou institutions libres, l'étude des langues anciennes est le fond de l'instruction. Les tendances peuvent différer; le système est le même. Le système est-il bon ? est-il mauvais? c'est dans ces limites que je veux rester.

Je me rappelle un temps où, dans les colléges de l'État, on n'étudiait guère que la langue latine, la langue du peuple-roi. Le grec était négligé. Le français n'avait que les restes de l'attention qui se donnait au latin. L'histoire, surtout celle de France, était lettre morte.

Plus tard, les Bourbons ayant voulu, comme on disait alors, « renouer la chaîne des temps, » M. Royer-Collard pensa que le meilleur moyen et le plus libéral de rattacher le présent au passé, c'était d'étudier l'histoire. Malgré quelques oppositions, l'enseignement de l'histoire prévalut, et il prévaudra. Les élèves qui sortent aujourd'hui du collége savent à peu près tous, et même sans avoir lu Voltaire, que Henri IV a régné sur la France,

Et par droit de conquête et par droit de naissance...

Mais l'éducation publique était réservée à bien d'autres épreuves. Je me souviens encore d'un temps où, en pleine classe de sixième, c'est-à-dire dans une réunion d'enfants dont le plus âgé n'avait pas treize ans, on apportait un grand squelette d'homme, destiné à la leçon du jour. Un savant professeur expliquait le squelette aux écoliers, depuis l'os frontal jusqu'au métatarse, en passant par le metacarpe et le mésentère. Le squelette, avec ses grands bras, gagnait insensiblement sur le terrain des autres études et se substituait sournoisement à la prosodie et à la grammaire. Les enfants concouraient, un jour de composition générale, sur les phénomènes de *circulation*, de *digestion* et de *sécrétion*. On tuait des lapins pour étudier, dans leur appareil digestif, le rapport de leurs fonctions avec celles de l'homme. Ce système d'éducation florissait dans les premières années qui suivirent la révolution de Juillet.

Plus tard on renonça, et on fit bien, à ces tristes et hasardeuses expériences. On enleva les enfants à l'anatomie comparée; on les rendit au rudiment, et on réserva aux philosophes l'étude des *crustacés,* des *mollusques* et des *batraciens*. D'un autre côté, l'histoire, qui avait un moment empiété sur le terrain destiné aux « humanités » proprement dites, se montra moins exigeante. La langue grecque remonta au niveau qui lui appartient de droit dans l'enseignement public. Les sciences exactes y trouvèrent une plus large place et mieux définie. Je crois donc que de toute manière, vers le milieu du dernier règne, l'instruction des colléges, tout en rendant à l'étude des langues classiques leur antique prééminence, avait fini par atteindre la mesure de variété nécessaire au développement des esprits. Je ne dis rien de la loi nouvelle qui régit aujourd'hui (1852) l'instruction publique. Le bien que cette loi a fait, c'est l'avenir qui le dira. Le présent n'en sait rien. Je n'ai donc pas à m'en occuper, et je reviens à M. Alphonse Karr.

La question que traite, sous la forme la plus agréable, le spirituel et satirique auteur de tant de romans, cette question est celle-ci : A quoi sert l'étude du latin et du grec? Je traduis ici, sous sa formule la plus banale, le problème tant débattu de l'instruction de la jeunesse. A quoi sert le latin? M. Alphonse Karr répond : « Manie de cette époque, qui fait du pays entier une pépinière d'avocats, de médecins et de poëtes, — avocats sans causes, médecins sans malades, poëtes sans auditoire.— En effet, il y a aujourd'hui plus d'avocats que de procès, plus de médecins que de malades ; — ceux d'entre les Français qui veulent bien encore faire du papier n'en pourraient faire assez pour imprimer les œuvres de tous les poëtes inédits. La société ne se compose plus de spectateurs nombreux, jugeant quelques acteurs ; — elle est toute composée d'acteurs ; et un auditoire n'est formé que de gens qui attendent leur tour pour parler... » Telle est l'anathème que M. Alphonse Karr jette à l'éducation publique ; et, pour preuve, des deux héros de son drame, tous deux élèves de l'Université à Paris (et l'un d'eux auréat), l'un finit par les galères ; l'autre, le plus honnête, finit par se pendre. On sait que M. Alphonse Karr n'y va pas, comme on dit, de main morte.

L'auteur de *Raoul Desloges* ignore une chose, lui qui en sait tant d'autres : c'est qu'en soutenant une pareille thèse, il ne fait que défendre un des plus étroits préjugés d'une certaine classe très-peu éclairée de la bourgeoisie française. Voici comment :

Personne ne songe à refaire les classes que la révolution française a détruites; mais il faut bien tenir compte des faits eux-mêmes. Eh bien, plus on s'élève dans les rangs de la bourgeoisie française, plus on se rapproche de la limite où elle touche par les alliances, par les relations, par les affaires, par les fonctions publiques, à l'ancienne noblesse et à la nouvelle, et plus on rencontre de partisans de l'instruction classique telle que l'expérience l'a successivement perfectionnée, avec l'étude des langues anciennes pour base et la rhétorique pour couronnement. Plus on descend, au contraire (je parle de ceux pourtant qui ont de hautes visées pour leurs enfants), plus le nombre des partisans de ce système d'éducation diminue, plus on rencontre de gens qui tiennent le langage que M. Alphonse Karr met dans la bouche de Mme Desloges, la mère de notre héros. Mme Desloges, femme d'un honnête et obscur artiste, voudrait que son fils, élève de seconde au lycée Bonaparte, fût déjà le type achevé du bon ton et des belles manières dans le monde. Raoul Desloges, en garçon d'esprit qu'il est (et le collège n'y gâte rien), aimerait mieux pour le moment autre chose.

« Il s'y sentait maladroit et embarrassé, dit l'auteur, et préférait singulièrement au bal le plus brillant une partie de balle au mur ou une séance à l'école de natation... » Mais ce n'était pas le compte de Mme Desloges, qui aimait le monde, et qui prenait prétexte de la gaucherie de son fils pour l'y conduire.

« ..... Il dut ainsi passer une soirée tout entière chez le médecin (un voisin qui avait un salon). On fit de très-mauvaise musique, on joua à l'écarté, on but du thé. Raoul fut aussi inutile qu'ennuyé; il se tenait roide sur son fauteuil et se mordait les lèvres pour s'empêcher de dormir. On ne fit aucune attention à lui, jusqu'au moment où il fit tomber et brisa une tasse pleine de thé... Il devint rouge comme une cerise, et crut qu'il lui arrivait là un grand malheur..... »

« .... Quand on fut rentré, Mme Desloges lui reprocha, non pas seulement cette maladresse, mais sa gaucherie pendant toute la soirée; il n'avait pas desserré les dents : A quoi sert-il d'envoyer un garçon au collége et de dépenser pour lui *les yeux de la tête,* pour qu'il ne vous fasse pas plus d'honneur dans le monde! — Mais, ma mère, répondit Raoul, à quoi voulez-vous que me serve dans le monde ce qu'on nous apprend au collége? Croyez-vous que j'aurais eu plus de succès si j'avais récité une cinquantaine de vers de Virgile ou une ode d'Horace? Écoutez, si cela va vous amuser :

> Mæcenas, atavis edite regibus,
> O et præsidium...

« — Taisez-vous! — Mais, ma mère, je veux que vous entendiez un peu cela, et je vous assure que c'est ce que nous possédons de plus joli :

> ... et dulce decus meum...

« — Assez! assez!... Mais du moins me direz-vous pourquoi vous, qui pouvez à peine modérer partout ailleurs la brusque rapidité de vos mouvements, vous restez toute une soirée assis, immobile, roide? — Ma mère, c'est que je suis embarrassé, j'ai... comme peur... et vous voyez bien que j'ai encore trop remué, puisque du seul mouvement que je me sois permis j'ai eu le malheur de casser une tasse. Tenez, ma mère, si vous vouliez me faire un grand plaisir, ce serait de me laisser à la maison quand vous sortez le soir. Vous ne vous figurez pas à quel point j'étais accablé de sommeil... Je me pinçais, je me mordais les lèvres... — Allez vous coucher !... »

Cette charmante scène, que je me serais reproché d'abréger davantage, est de la plus exacte vérité. Chacun y est admirablement dans son rôle : la mère Desloges, qui veut que son fils sorte du collége façonné pour les soirées de son médecin, et le fils Desloges, que les soirées du médecin assomment. Mais qu'est-ce à dire? Est-ce que le collége, par exemple, a pour mission de faire des mondains? Il n'y prétend pas. « Vivent les colléges d'où l'on sort si habile homme ! » Ce mot de Toinette s'applique à tous les écoliers, pédants timorés ou ignorants avantageux, qu'on produit trop tôt dans le monde. La moquerie ne s'attache pas seulement aux prétentions caduques des mondains surannés. Les jeunes impertinents sont plus ridicules que les vieux ; un fat imberbe est plus fatigant qu'une vieille coquette. Mme Desloges a donc cent fois tort contre le collége quand elle l'accuse de n'avoir pas fait un mondain de monsieur son fils, et Raoul a raison : les vers d'Horace ne sont d'aucune défaite à une table d'écarté. Horace, ni aucun des anciens poëtes ou prosateurs qui forment le bagage d'un bon humaniste, ne servent à personne pour l'emploi immédiat dont ils peuvent être dans la vie sociale; ils ne servent que par le développement général et par la culture supérieure dont ils sont, pour l'esprit humain, le meilleur instrument connu jusqu'à nos jours.

Les révolutions, qui ont si profondément modifié les mœurs et les goûts du public, n'ont au fond rien changé dans le système de l'éducation de la jeunesse, et on peut les mettre au défi d'y faire jamais aucun changement durable et vraiment sérieux. Un peu plus ou un peu moins de grec, un peu plus ou un peu moins d'histoire, plus ou moins d'anatomie ou de conchyliologie, soit! On pourra même un jour supprimer le concours universitaire, sauf à y revenir, comme, après avoir supprimé le discours latin de la distribution des prix en Sorbonne, on en a repris, l'année même où M. Alphonse Karr a fait son roman, l'habitude séculaire. Mais, quoi qu'on tente, quand des hommes de sens, voulant instituer un système permanent d'éducation publique, se trouveront en face de cette difficulté sérieuse : développer, dans les enfants confiés aux écoles, les facultés principales de l'entendement, sans borner ou sans rebuter l'esprit, sans le briser dans son essor ou sans le dessécher dans sa fleur; — en face de ce problème à résoudre, et dût le fils de Mme Desloges casser encore une tasse de porcelaine sur la table à thé de M. Duflot, ce sera toujours avec les vieilles données de l'expérience qu'on le résoudra. Certes, l'occasion était belle, quand la révolution française avait rasé jusqu'au sol toutes les institutions du passé, de supprimer aussi l'étude des langues anciennes dans l'éducation de la jeunesse. Ce n'était pas seulement Saint-Just (et combien d'autres!) qui proposait des plans impraticables; tous les partis y mettaient la main.

Qui nous délivrera des Grecs et des Romains?

s'écriait un poëte, gourmand par principe et réactionnaire par goût, le spirituel Berchoux[1]. Les Grecs et les Romains! La Révolution les ôta en effet de l'éducation des enfants, on sait avec quel succès : il n'y eut plus d'éducation du tout; mais en les ôtant des écoles publiques, la Révolution mit les Romains dans la politique. Fallait-il en conclure que l'ancienne Université n'avait été bonne qu'à faire des républicains? Le reproche serait grave. On ne l'a

1. Berchoux, l'auteur de *la Gastronomie,* mort en 1838, était sobre, parlait peu et n'aimait que le gigot braisé aux haricots. Voir le *livre des Singularités,* par Philomneste (1 vol. in-8º, Paris, 1841, p. 175).

guère épargné aux colléges d'aujourd'hui et d'autrefois. Robespierre avait étudié au collége Louis-le-Grand ; Barère citait les Grecs ; Camille Desmoulins était classique. Mais les savants moines qui pâlissaient sur les manuscrits apportés de la Grèce et de Rome, qui rétablissaient les textes et qui restauraient chez nos pères le culte des anciens livres ; les grands écrivains qui, avant le xviiie siècle, avec une instruction presque exclusivement littéraire, éclairaient et illustraient notre pays, étaient-ils des séides secrets de la république? Tout le siècle littéraire de Louis XIV est monarchique. Où trouver de plus habiles interprètes, des admirateurs plus passionnés et plus exclusifs de l'antiquité? Était-ce de bonne foi qu'on accusait les études classiques de tous ces malheurs que la démagogie versait sur la France? On abuse de tout, et des bonnes études comme de tout le reste. Il y a des hommes de lettres très-dépravés, des poëtes qui font des révolutions, des humanistes médiocrement humains. Je ne veux pas répondre qu'il ne puisse passer par la tête d'un fou (nous avons vu cela) de proposer que la France soit gouvernée par les institutions de Lycurgue et même par les lois de Minos. Lisez les *Institutions républicaines* [1] de

---

1. *Fragments sur les Institutions républicaines*, ouvrage

Saint-Just, si vous voulez savoir jusqu'où peut aller, sur cette pente, la prétention de l'archéologue accouplée à l'esprit démagogique et novateur. Mais je demande, d'un autre côté, si tous les hommes qui se sont livrés exclusivement à l'étude des sciences exactes y ont puisé toujours cette rectitude d'esprit, cette tempérance de jugement, cette appréciation des besoins de leur temps et de leur pays que l'on reproche à l'éducation littéraire de ne pas comprendre ou de méconnaître?

Quoi qu'il en soit, la révolution vaincue, dès que l'empereur Napoléon se sentit puissant, une des premières créations de son génie, ce fut l'Université. Lui qui sortait d'une école militaire, il rétablit les études classiques. Il fit rentrer les Grecs et les Romains dans les colléges, leur vrai domaine. La Restauration n'eut garde de les en faire sortir. Le gouvernement de Juillet, malgré quelques

posthume de Saint-Just (Paris, Techener, 1831). Voici quelques idées de l'auteur sur l'éducation : « ... Les enfants sont vêtus de toile *dans toutes les saisons*... Ils sont nourris en commun et vivent de racines, de fruits, de légumes, de laitage, de pain et d'eau... Les instituteurs des enfants *ne peuvent avoir moins de soixante ans*... Ce serait peut-être une sorte d'institution propre aux Français que *des sociétés d'enfants* présidées par un magistrat qui indiquerait les sujets à traiter et *dirigerait les discussions*, de manière à former le sens, l'âme, l'esprit et le cœur, etc., etc. (p. 58 et 59).

tentatives en dehors de ce système, y resta fidèle, le perfectionna; et la révolution de Février elle-même n'y a rien changé. Beaucoup d'expériences ont néanmoins été faites; mais comptez combien de pères de famille voudraient aujourd'hui, pour leurs enfants, une instruction purement professionnelle et exclusivement scientifique! L'éducation professionnelle est bornée, quoi qu'on fasse, et n'est qu'une éducation primaire sur une plus large échelle; l'échelle peut s'élargir, elle ne s'élève pas. Quant à l'éducation scientifique, essayez de mettre à ce régime le dixième seulement de vos écoliers, vous multiplierez peut-être ainsi, par ceux qui réussiront, et sans profit pour les professions spéciales aujourd'hui encombrées, le nombre des capacités *polytechniques*; mais vous livrerez à l'impuissance et au découragement ceux que leur vocation n'aura pas soutenus dans cette rude épreuve. Car on se relève toujours d'une éducation littéraire incomplète; de l'éducation scientifique avortée, il ne reste rien pour les intelligences (et c'est le plus grand nombre) qui n'y sont pas propres, rien que le souvenir de la plus cruelle torture à laquelle puisse être condamné l'esprit humain.

M. Alphonse Karr fait de Raoul Desloges une victime de l'éducation classique. Le problème à résoudre est de savoir ce que serait devenu Raoul, s'il eût étudié à l'école de François Ier au lieu de suivre les classes du lycée Bonaparte. Suivant moi, les mésaventures de Raoul ne tiennent pas à l'éducation qu'il a reçue, mais aux circonstances au milieu desquelles le sort l'a jeté; son malheur vient de certains défauts qui sont ceux de sa condition et de sa nature, non ceux du collége. Le collége n'est pas chargé de vous donner des parents raisonnables, une fortune, un nom, une existence toute faite. Il est plutôt fait pour suppléer à tout cela, mais dans la mesure où son assistance est possible. Aide-toi, le collége t'aidera. Raoul Desloges est le fils d'une intraitable commère qui décachette les lettres de son mari, violente et mondaine, hargneuse et affairée, pleine d'ignorance et de vanité, au demeurant une sotte mère, comme nous l'avons vu plus haut. Est-ce la faute des Grecs et des Romains? Raoul a pour père un artiste, honnête homme, mais qui n'a qu'une volonté, c'est-à-dire un nombre infini de volontés, celles de sa femme. Cet homme est moins que rien. Est-ce la faute d'Horace et de Virgile? Raoul est de plus amoureux, ce qui n'est pas trop sa faute, car il est poussé et encouragé dans cet amour par une certaine tante Clémence, femme de sens à ses heures, comme nous allons le voir, mais qui débute avec lui par une faute irréparable. En effet, elle alimente, avant qu'il soit irrésistible, cet amour funeste parce qu'il est sans avenir, et elle donne un fiancé à sa nièce (Marguerite Hédouin, une charmante création de l'habile pinceau de M. Alphonse Karr), avant de savoir si le fiancé sera jamais digne d'être un mari. Raoul est sans fortune, et il donne des leçons de grec et de latin. Le beau métier! dit l'auteur. Mais M. Alphonse Karr connaît-il un état où celui même qui a dans sa giberne le bâton de maréchal de France ne commence pas par être au moins sous-lieutenant? Est-ce que si Raoul Desloges avait étudié à l'école commerciale de M. Blanqui, au lieu de faire ses humanités, est-ce qu'il débuterait par être du premier coup ingénieur en chef, ou directeur d'une usine, ou administrateur d'un chemin de fer?

J'ajoute que Raoul Desloges, du tempérament dont je le connais, ne sera jamais, si vous le condamnez aux sciences exactes, qu'un savant malencontreux, impuissant et ennuyé. Quel qu'il soit, Raoul est né avec le goût des lettres, et il a une vocation d'écrivain. Heur ou malheur, c'est sa destinée. Triste destinée, dites-vous. Peut-être... Mais à qui la faute? « Raoul, dit M. Alphonse Karr, caractère faible, indécis, ayant dans la tête des images brillantes de ce qui lui manque dans le cœur, *victime d'une fausse éducation dont il n'a pas eu l'énergie de secouer le joug,* entraînait dans le précipice la douce et dévouée Marguerite. » On dirait que M. Alphonse Karr n'a vu sortir du collége que des victimes de la vie littéraire, et que la société ne se compose que de gens occupés à courir après les fantômes qu'une fausse instruction souffle et grossit autour d'eux. C'est le contraire qui est la vérité. La société se compose de gens qui ont fait leurs études et qui ont un état, qui ont étudié au collége et qui réussissent dans la vie pratique. Si incomplète qu'elle soit, cette première culture leur reste. On a oublié le latin et le grec, soit! on a gardé l'habitude du travail, de la réflexion. On a conservé cette bonne discipline de l'esprit, façonné par l'étude des modèles et fortifié, même à son insu, par cette nourriture vivifiante. L'éducation professionnelle est bornée, par sa spécialité même, à un petit nombre de carrières. L'éducation classique vous introduit dans toutes les professions et vous y soutient.

Je reviens à Raoul Desloges. Raoul est un lettré. Ah! je le plains en effet, s'il n'a qu'un génie médiocre, une âme faible, un caractère indécis, une imagination emportée, un cœur inquiet, une famille ridicule, toute sorte de mauvais conseils et de fâcheuses influences en lui et hors de lui. Je le plains, mais c'est M. Alphonse Karr qui a voulu tout cela. Le collége n'y est pour rien. Ce n'est pas le collége qui empêche Raoul d'avoir du génie, de faire des vers comme M. de Lamartine, d'écrire en prose comme M. Villemain, ou même de composer des romans comme M. Alphonse Karr. Le collége, si Raoul pouvait seulement s'élever un peu par lui-même, le collége aurait plutôt servi sa vocation qu'il ne l'eût gênée. L'Université fait autre chose que des hommes de lettres; mais ce n'est pas, quand elle s'en mêle, ce qu'elle fait le plus mal. Et M. Alphonse Karr le sait bien.

Raoul a fait une tragédie (*les Esclaves,* en trois actes et en vers), et cette œuvre de sa jeunesse et de son loisir finit tristement, puisque, indépendamment du héros de la pièce, qui se tue, comme c'est son devoir, d'un coup de couteau en pleine poitrine, l'auteur finit aussi par se pendre, toujours à cause de la tragédie. C'est là une triste et sombre aventure, très-bien racontée par M. Alphonse Karr, mais dont tout son talent n'a pu sauver l'invraisemblance et la crudité.

Raoul Desloges, victime d'un mariage d'argent, est abandonné par sa femme, la fille d'un tailleur, une précieuse coquette et méchante, qui, après l'avoir aimé pour ses vers, s'en va faire de la prose avec un commis voyageur quelconque. Raoul, blessé dans un duel, malade, délaissé, ruiné, est recueilli par sa fiancée d'autrefois, Marguerite Hédouin, cette adorable fille que M. Alphonse

Karr a si bien peinte, et qui est le bon génie, non-seulement de son héros, mais de son roman. Marguerite recueille Raoul, elle l'emmène à la campagne; elle l'isole, elle le sauve de ses souvenirs, de ses regrets, de ses prétentions; — elle en ferait un homme de bon sens s'il le voulait bien. Ajoutez que la tante Clémence, si imprudente au début de cet amour, a pourtant donné d'admirables conseils; car c'est elle qui dit quelque part à Raoul Desloges :

« ... N'allons pas si vite, Raoul; n'usons pas notre énergie contre des fantômes, et occupons-nous de ne pas butter contre le caillou qui est sous nos pieds. Tout irait fort bien dans la vie, s'il ne s'agissait que de ces grands coups d'épée ou de ces grands coups de dévouement qui remplissent les romans; mais c'est la continuité des petits efforts qui est une chose difficile; c'est la monnaie du courage et de la force qu'il faut savoir dépenser. Il ne faut pas imiter ces avares qui épargnent sur les besoins de chaque jour en prévoyance d'événements qui n'arrivent pas; il ne faut pas céder au petit ennui d'aujourd'hui sous prétexte de se réserver pour le grand combat qui arrivera peut-être demain. — Beaucoup de gens ont le courage des fêtes et dimanches. — Le courage de tous les jours est plus rare parce qu'il se dépense sans éclat, sans gloire ; les grands périls grandissent l'homme suffisamment. Par exemple, qu'avez-vous fait aujourd'hui?...»

Qu'avez-vous fait?... Raoul Desloges aurait pu répondre : « J'ai travaillé à ma tragédie. » Admirable texte d'accusation contre les études classiques! M. Karr n'y manque pas. « La tragédie de Raoul, dit-il, est précisément cette tragédie que nous avons tous faite au collége, entre la rhétorique et la philosophie. » — J'ai passé, quant à moi, huit ans au collége, j'y ai fait ma rhétorique et même un peu ma philosophie, et je n'ai fait de ma vie aucune espèce de tragédie, « ni dans les murs ni hors des murs, » comme dit le vieil Horace. Aucun de mes camarades de lycée n'a été, que je sache, plus entreprenant que moi dans ce genre. J'ai beaucoup d'amis qui sont hommes de lettres, et pas un n'a fait de tragédie.

Si M. Alphonse Karr me permet de le dire, je crois que cette tragédie de Raoul Desloges, qu'il met si généreusement au passif de l'éducation universitaire, est tout simplement la tragédie de M. Alphonse Karr lui-même, celle qu'il a cru naïvement que tout écolier qui se respecte doit faire à sa sortie du collége, et je suis d'autant plus disposé à croire à ce péché de la jeunesse de M. Alphonse Karr, que l'auteur se traite à la vérité, comme auteur tragique, avec la dernière rigueur, ce qui est la marque d'un bon esprit; mais il cite la tragédie presque tout entière, ce qui me paraît l'indice d'une véritable paternité. Au fait, l'auteur de *Raoul Desloges* a raison : sa tragédie est détestable, et il n'était pas nécessaire d'y mettre des fautes de français telles que celle-ci :

Mes enfants, vengez-moi! — Tu le seras, ma mère!

pour donner à croire aux ennemis du système classique qu'elle était l'œuvre d'un élève de l'Université.

Nous marchons ainsi au dénoûment. Raoul Desloges a fait connaissance au collége d'un de ces garnements que les colléges reçoivent quelquefois avant de les connaître, mais qu'ils ne gardent jamais. Il est donc injuste de mettre au compte de l'éducation universitaire un vaurien tel que Mandron, Mandron un escroc, fileur de cartes et faussaire, qui fait toute sorte de métiers criminels et clandestins, et qui, après avoir renié son père, usurpé un titre, filouté une croix d'honneur, volé ses amis et poussé Raoul au suicide, va finir au bagne son éducation et sa vie. Cette race d'hommes, faux lettrés et francs coquins, pousse volontiers, non pas dans le *jardin des racines grecques,* comme le croit M. Alphonse Karr, mais sur le fumier des grandes villes, dans l'ombre des tripots, à l'école des chevaliers d'industrie et des jongleurs; et il n'est pas absolument nécessaire, pour expliquer cette sorte de supériorité que leur donne, sur les bandits illettrés, une culture incomplète et frelatée, d'y mêler Horace et Virgile. L'instruction la plus superficielle y suffit. Mandron, de l'aveu même de M. Alphonse Karr, n'a jamais été qu'un mauvais écolier, humaniste impossible, rhétoricien manqué, étudiant de quinzième année. Et aussi bien, est-ce à une autre école qu'à celle de Bilboquet que les héros de son roman ont appris des tours tels que celui-ci :

« ... Tu as des gants, dit Mandron, ça se trouve bien, c'est assez d'une paire pour nous trois. — Comment cela? — Par un procédé ingénieux, que je me flatte d'avoir inventé, je me place entre vous deux, les mains dans mes poches ; — je n'ai pas de gants, mais je ne montre pas de mains. Je suis donc censé avoir des gants. Vous passez chacun un bras dans un des miens, Raoul la main droite, Alexandre la main gauche ; vous gantez les deux mains exposées aux regards avec la paire de gants de Raoul ; chacun de vous met dans sa poche la main qui lui reste. A nous trois, de cette manière, nous ne montrons que deux mains et toutes deux parfaitement gantées ; — ce qui nous suffit pour conserver l'estime de nos concitoyens... »

M. Alphonse Karr, je lui en demande pardon, nous refait là une scène de la pièce des *Saltimbanques,* croyant écrire une page de l'histoire de l'Université.

Voici la fin de l'aventure. Mandron, ainsi ganté, compromet son camarade Raoul dans une affaire d'argent, en rejetant sur lui une de ces dettes écrasantes qui vous étourdissent un homme quand il a, comme Raoul Desloges, la tête faible et le cœur mou. Car Raoul, qui, pour faire imprimer sa tragédie, a souscrit deux billets à son éditeur, Raoul, avec du temps, du courage, plus d'esprit et plus d'honneur que son absurde et lâche suicide n'en suppose, Raoul aurait payé sa dette comme un galant homme, et ne se serait pas pendu comme un sot, sous un pommier, dans le jardin de sa maîtresse.

Et la moralité de ce livre? La voici en deux mots : — Comme Raoul Desloges avait fait d'excellentes études, il n'a fait que des sottises pendant sa vie; et parce qu'il a été *fort en thème* à quinze ans, il a dû se pendre à vingt-cinq... — Trouvez-vous que j'exagère la conclusion du roman, que ce rapprochement est trop rigoureux entre le rudiment de l'écolier et la corde du pendu, et vous en coûte-t-il de prêter cette absurdité à M. Alphonse Karr? Eh bien, soit. Supposons alors que l'auteur a voulu seulement faire ressortir les misères et les périls de la condition d'homme de lettres; décourager ceux que leur destinée y pousse, en ne leur donnant qu'une médiocre provision de génie et un caractère sans vigueur; supposons qu'il a voulu nous prémunir contre les piéges que recèle, sous une amorce enchanteresse, cette profession redoutable et trompeuse. M. Alphonse Karr, s'il a voulu cela, avait bien raison de faire son livre, et il avait raison avec beaucoup d'autres qui ont dit la même chose avant lui. « La profession d'homme de lettres, écrit M. Saint-Marc Girardin[1], est, de toutes les professions, la plus difficile, parce que c'est celle qui soutient le moins l'homme. Dans toutes les autres, l'état prête de la force à l'homme. Si vous êtes notaire, avoué, médecin, avocat, vous avez d'abord votre valeur personnelle, et, de plus, vous avez la valeur de votre état. Votre état ajoute à ce que vous êtes, et vous avez deux forces au lieu d'une. Il y a tant d'hommes qui ne valent que par leur état, que cela prouve évidemment l'importance des professions. Dans la littérature, au contraire, l'état n'est rien et n'ajoute rien à l'homme. L'homme, dans cet état, est délaissé à lui-même et ne tire rien d'ailleurs; il ne

---

[1]. *Essais de littérature et de morale,* Paris, 1845; t. II, p. 174.

vaut que par lui-même... » Tout cela est très-juste et très-bien dit. La profession d'homme de lettres a de bien autres défauts. Elle n'a pas d'avancement régulier. Au moindre déchet de votre imagination, à la première halte de votre esprit, à la première ride de votre front, vous descendez l'échelle, au lieu que dans les autres carrières vous montez toujours, même en devenant moins jeune, moins dispos et moins habile. Puis viennent les injustices et les retours du goût public, la vieillesse précoce des ouvrages préférés, les rivalités intraitables, les amitiés suspectes, les camaraderies meurtrières, les éditeurs hostiles, ou, ce qui est pis, indifférents, le public blasé, le déclin subit et rapide des plus brillantes renommées. Mais le remède à tous ces maux ? Est-ce de ne plus faire de *vers latins* ni de *versions grecques ?* est-ce de supprimer le collége, parce qu'il en sort, avec beaucoup de médecins, d'avocats, de professeurs, de négociants et de militaires, un certain nombre d'hommes de lettres, les uns qui se distinguent, les autres qui avortent? Le beau remède contre l'avortement de quelques esprits que de supprimer la culture pour tous ! Supprimez donc l'École de droit parce qu'il y a des avocats qui plaident mal leurs causes, et l'École de médecine parce qu'il y a des médecins qui tuent leurs malades !...

Ou plutôt ne supprimons rien du tout, et laissons vivre tout le monde, les écoles, les colléges, les professeurs de latin et de grec, et même les faiseurs de romans avec leurs défauts [1].

C.-F.

POST-SCRIPTUM.

Je voudrais, au moment de mettre la dernière main à cet humble écrit, mentionner tout au moins l'ouvrage que M. Victor de Laprade, mon confrère à l'Académie française, vient de publier sous ce titre : *L'Éducation libérale,* et qui donne, sur plus d'un point important, raison à mes idées.

Pour me montrer impartial, je veux citer aussi un récent discours de M. le directeur de l'École normale qui, en présence du ministre, s'est déclaré partisan de sa circulaire, non sans reprocher à ceux qui ne l'approuvent pas de n'être que des rhéteurs et des vaniteux. Voilà, du moins, une bonne raison !

[1]. Extrait du t. I, p. 364, de mes *Études historiques et littéraires* (Paris, 1852, chez Michel Lévy).

D'un autre côté, un des organes les plus justement estimés de la publicité française, la *Revue des Deux Mondes,* après avoir sévèrement critiqué, par la plume de M. Charles de Mazade, les innovations infligées à l'éducation classique, s'est décidée à les soutenir dans un récent article de M. Paul Janet. De toutes ces contradictions la lumière jaillira, il faut l'espérer. M. Jules Simon n'a pas encore le droit de dire : *Lux facta est...*

Novembre 1872.

Paris. — J. CLAYE, imprimeur, 7, rue Saint-Benoît.— [2097]

www.ingramcontent.com/pod-product-compliance
Lightning Source LLC
LaVergne TN
LVHW050636090426
835512LV00007B/889